HIER BEWEGT SICH WAS

Band 60

HIER BEWEGT SICH WAS

Eltern-Kind-Turnen und Kinderturnen
in Kindergarten, Schule und Verein
Band 60

AUF DEM WEIHNACHTSMARKT

Budenzauber mit vielen hellen Lichtern,
strahlende Augen in Kindergesichtern,
und, merkt ihr's? – Es liegt in der Luft –
über unserem Weihnachtsmarkt –
ein ganz besonderer Duft!

Meyer & Meyer Verlag

Herausgeberin: Heidi Lindner, Pipo-Lernwerkstatt, Neumünster
Autorinnen: Gisela Stein, Heidi Lindner, Jenny Rabe
Illustrationen: Silke Mehler
Bearbeitung: Marion Schwalbe

Auf dem Weihnachtsmarkt

Bibliografische Information Der Deutschen Bibliothek
Die Deutsche Bibliothek verzeichnet diese Publikation in der Deutschen Nationalbibliografie; detaillierte bibliografische Daten sind im Internet über http://dnb.ddb.de abrufbar.

Adelaide, Auckland, Budapest, Graz, Johannesburg, Miami,
Olten (CH), Oxford, Singapore, Toronto
Member of the World
Sport Publishers' Association (WSPA)
Druck:
FINIDR s. r. o., Český Těšín
ISBN 3-89124-760-5
E-Mail: verlag@m-m-sports.com
Internet: www.m-m-sports.com

Inhaltsverzeichnis

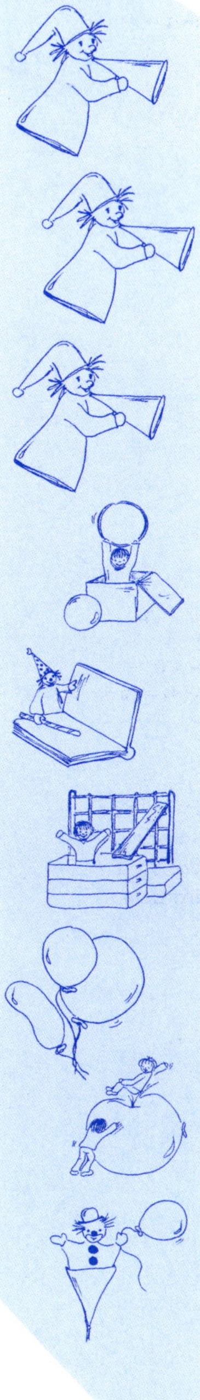

Liebe Leserinnen, liebe Leser . . . . **.6**

Fingerspiele . . . . **.9**
Weihnachtsmäuse und Nikoläuse 10

Lieder . . . . **.17**
Ich bin ein kleiner Schneemann 18
Rudolph, das kleine Rentier 22

Wahrnehmung . . . . **.25**
Die Sternenkinder 26

Musik . . . . **.29**
Schneeflocken tanzen 30

Kleingeräte – übliche und ungewöhnliche . . . **.37**
Deckel auf, Deckel ab, Deckel zu! 38

Bewegungsgeschichte . . . . **.51**
Tiere im Winterwald 52

Großgeräte & Bewegungslandschaften . . . . . **.57**
Große Schlittenparade 58

Kleine Spiele . . . . **.68**
Was zieh ich an? 69
Schneegestöber 71

Attraktive Aktion . . . . **.73**
Ein lebendiger Adventskalender 74

Kreativecke . . . . **.92**
Nikolaus und Weihnachtsmaus – Fingerpuppen . . .93
Nikolaus und Weihnachtsmaus – Handschuhe 94
Am Kerzenstand 95

Liebe Leserinnen, liebe Leser,

„Macht euch bereit", tönt es auf unserem Weihnachtsmarkt in der Turnhalle und alle, die ihn besuchen, können sich auf die schöne Vorweihnachtszeit mit neuen Bewegungsideen für weihnachtliche Turnstunden freuen.

So möchten wir Sie und euch einladen, mit uns von Bude zu Bude zu bummeln und sich von unseren Vorschlägen verzaubern zu lassen. Teilideen lassen sich in den Dezemberturnstunden mit Eltern und Kindern oder in den anderen Kindergruppen direkt umsetzen.

Vielleicht lässt sich auch in euren Vereinen oder Institutionen mit mehreren Übungsleiterinnen und Helfern an einem Nachmittag ein großer, bewegter Weihnachtsmarkt in einer Dreifachhalle gestalten, auf dem Familien selbst aktiv mitspielen, turnen, tanzen und basteln können.

Die Besucher werden begeistert sein, wenn Musik erklingt und unerwartet eine Vorführung gezeigt wird, wie z. B. „Schneeflocken tanzen" oder „Der lebendige Adventskalender". Hier bietet sich auch die Möglichkeit, frühere Ideen wieder aufzufrischen, wie „Kleiner, grüner Kranz" oder „Es schneit", siehe „Hier bewegt sich was"-Band 20 „Spuren im Winter". Wie wäre es, wenn die Weihnachtsbäckerei aus dem „Hier bewegt sich was"-Band 16 „Turnen im Adventskalender" ihre Türen öffnet oder der Nikolaus persönlich erscheint?

Die vielen strahlenden Kindergesichter auf so einem einmaligen Weihnachtsmarkt sind der schönste Dank für die Mühe, die die hoffentlich zahlreichen Helfer sich in der nicht gerade ereignislosen Vorweihnachtszeit machen.

Zum Ausgleich warten wir auf einen sonnigen, frisch verschneiten Wintertag, an dem sich alle kleinen und großen Turnkinder zu einer Turnstunde im Freien treffen, ohne Vorbereitungsaufwand – das Motto „Eine große Schlittenparade".

Mit den vielen Nikoläusen und Weihnachtsmäusen wünschen wir unseren kleinen und großen, jungen und alten Pipofans zum letzten Mal frohe Weihnachten und einen gesunden Rutsch ins neue Jahr.

PIPO, Silke Mehler, Jenny Rabe,

Gisela Stein und Heidi Lindner

FINGERSPIELE

Auf dem Weihnachtsmarkt gleich links findet man den Stand, an dem sich Nikoläuse und Weihnachtsmäuse kennen gelernt haben. Alle kleinen und großen Besucher entdecken in diesem weihnachtlichen Fingerspiel schnell, wie schön es ist, gute Freunde zu haben, die hilfsbereit sind und auch einmal kräftig mit zupacken. Ob mit den bloßen Fingern, mit Fingerpuppen, mit speziellen Handschuhen oder als Bewegungsspiel: Jeder kann hier haut- bzw. fingernah spüren, was Freundschaft bedeutet.

Weihnachtsmäuse und Nikoläuse

– Text: Silke Mehler und Heidi Lindner –

Fünf junge Weihnachtsmäuse
krabbeln putzmunter die Wege rauf und runter.

Die Finger der einen Hand krabbeln über den Tisch, den Boden oder auf den Oberschenkeln.

Fünf alte Nikoläuse
staunen aus dem Weihnachtshimmel –
was ist denn das für ein Gewimmel?

Die Finger der anderen Hand schweben hoch oben in der Luft.

„Wir brauchen Hilfe diese Jahr!", rufen die Nikoläuse.

Die Nikolaushand zappelt hoch in der Luft.

„Wir sind schon da!", antworten die Weihnachtsmäuse.

Die Mäusehand krabbelt den anderen Arm hoch bis zum Handgelenk.

„Ich suche jemanden zum Stiefelputzen."

Der Daumennikolaus wackelt hin und her.

„O.K., ... ich werde dir auch den Bart noch stutzen."

Die Daumenmaus kratzt zuerst am unteren Daumengelenk und dann am Fingernagel.

„Hilft mir jemand beim Mantelwaschen?"

Der Zeigefingernikolaus wackelt.

„Ja, ich, und dann beim Marzipannaschen."

Die Zeigefingermaus streicht links und rechts den Finger ab, so, als wollte sie den „Mantel" glatt streichen.

„Ich habe Schmerzen vom vielen Bücken!"

Der Mittelfingernikolaus bewegt sich nur steif hin und her.

„Lass nur, ich helf' dir beim Tannenbaumschmücken."

Die Mittelfingermaus klopft den Finger ab, so, als wäre das der Baum.

„Helft ihr mir bitte beim Päckchenpacken?"

Der Ringfingernikolaus wackelt.

„Na klar und auch beim Keksebacken."

Die Ringfingermaus wackelt und dann wird mit beiden Handflächen „gepackt" bzw. „Kekse gebacken".

„Ich brauche Hilfe beim Kugeln polieren!"

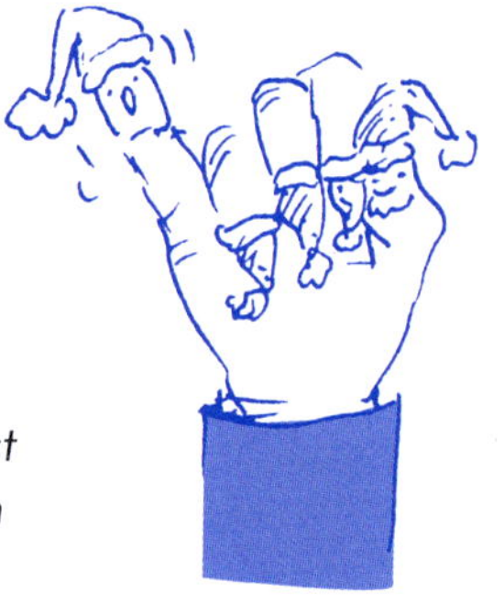

Der Kleine-Finger-Nikolaus zappelt verzweifelt.

„Bekommst du und auch beim Plätzchenverzieren."

Die Kleine-Finger-Maus streicht sanft zuerst über die Fingerspitze und dann am ganzen Finger rauf und runter.

„Danke", rufen die Nikoläuse,
„kommt in unsere Arme, ihr hilfsbereiten Mäuse."

Die Nikolaus- und Mäusefinger verschränken sich und streicheln sich noch eine Weile gegenseitig.

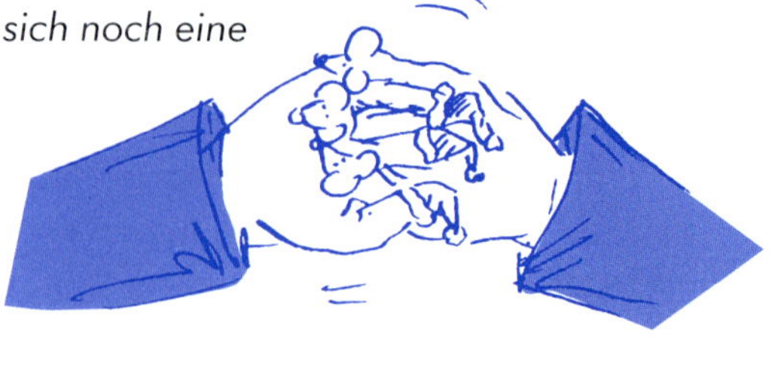

Diese Fingerspielidee erfordert von den Kindern schon eine gehörige Portion Fingerfertigkeit und Koordinationsfähigkeit. Daher sollte sehr ruhig gesprochen und immer darauf geachtet werden, dass die Kinder auch ausführen, was wir ihnen deutlich vormachen. Die unterschiedliche Art, wie sich die einzelnen Finger berühren, verschafft auch ganz verschiedene sensorische Erfahrungen.

Noch schwieriger wird es, wenn man sich z. B. passende Fingerpuppen oder gebastelte Handschuhe überstülpt (siehe *Kreativecke*, S. 93/94).

In Eltern-Kind-Gruppen kann anfangs auch nur eine Hand zum Einsatz kommen, die Kinder spielen z. B. die Nikolausfinger und die Erwachsenen übernehmen die Mäusehand oder umgekehrt.

Mit den Allerkleinsten wird eine noch einfachere Form gespielt. Hier kommt es zunächst nur darauf an, dass die Kleinen die jeweiligen Hände nicht verwechseln oder im zweiten Schritt die entsprechenden Finger bewegen. Dabei reicht es, wenn sich die Fingerspitzen jeweils berühren.

SPIELIDEE:

Ist den Teilnehmern das Spiel gut vertraut und der Text bekannt, so lässt es sich im Eltern-Kind-Turnen oder Kinderturnen auch bewegungsintensiver einsetzen. Der Einsatz von Kleinmaterialien und Geräten ist ebenfalls möglich.

MATERIAL: Entsprechend der Anzahl der Teilnehmern die gleiche Anzahl Nikolausmützen und Mäuseohren, eventuell etwas zum Naschen.

VORSCHLÄGE FÜR KLEINMATERIALIEN:

Die Stiefel putzen	– Putztücher, Servietten, Jongliertücher ...
Den Mantel waschen	– Bürsten, Schwämme, Keulen ...
Den Baum schmücken	– Plastikkugeln, kleine Bälle, Bohnensäckchen, Jongliertücher ...
Ein Päckchen packen	– Kartons, Medizinbälle, Zeitungen ...
Die Kugeln polieren	– Bälle jeder Art, Tücher (s. o.).

VORBEREITUNG:

Die Teilnehmer suchen sich eine Mütze bzw. Ohren aus und bilden jeweils ein Paar – ein Nikolaus und eine Weihnachtsmaus.

Das Spiel beginnt:

Die Nikoläuse suchen sich einen Platz hoch oben, z. B. an der Sprossenwand, Gitterleiter oder auf einer Bank.

Die Weihnachtsmäuse krabbeln in der Halle herum.

Die Übungsleiterin spricht den ersten Vers. Dann rufen die Nikoläuse: „Wir brauchen Hilfe dieses Jahr!"

Die Mäuse antworten und krabbeln sofort zu ihrem Nikolauspartner. Anschließend sprechen die Nikoläuse ihre Wünsche nacheinander aus und gemeinsam mit den Mäusen werden sie dann aktiv:

Die Stiefel putzen – *die Mäuse holen sich ein Putztuch und wienern die „Stiefel".*

Den Bart stutzen – *die Mäuse stellen mit den Fingern eine Schere dar und „schneiden" am Kinn herum.*

Den Mantel waschen – *die Mäuse klopfen und bürsten die Kleidung ordentlich ab.*

Den Marzipan naschen – *der Nikolaus geht mit der Maus in die Naschecke.*

Die Schmerzen beim Bücken – *die Mäuse massieren ihren Nikoläusen den Rücken.*

DenTannenbaum schmücken – *Kugeln, Bälle, Bohnensäckchen u. Ä. werden einzeln geholt und an einem imaginären Baum (Sprossenwand, Ringe, Hochsprungständer) aufgehängt.*

Die Päckchen packen – *Kartons o. Ä. heben, tragen, schieben, transportieren und in Zeitungen einwickeln.*

Die Kekse backen – *einer knetet den anderen wie Stollenteig, gegenseitig rollen sie sich durch Baumstammrollen aus.*

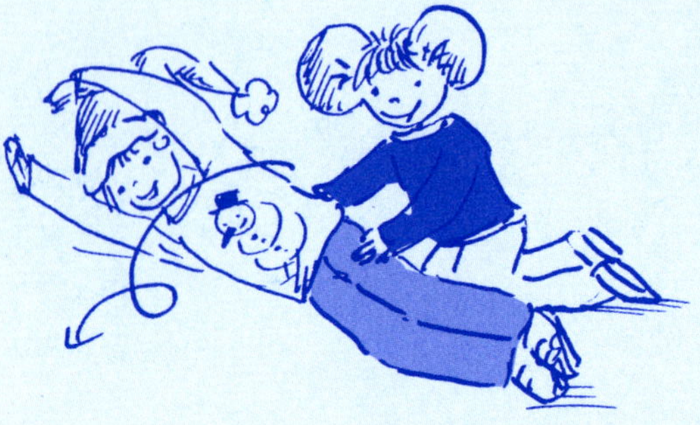

Am Ende bilden die Nikoläuse einen Halbkreis, rufen die Mäuse und diese fallen ihnen freudig in die Arme.

Vielleicht singen sie gemeinsam ein Lied, tanzen oder tauschen einfach ihre Rollen.

LIEDER

In einer Ecke unseres Weihnachtsmarkts findet man das Fitnessstudio der Schneemänner und wirklich jeder, der hier länger als drei Sekunden verweilt, wird sofort zum Mitmachen aktiviert.

Ein paar Schritte weiter lädt uns „Rudolph, das kleine Rentier" zu einer seiner berühmten Schlittenfahrten ein. Einfach Platz nehmen und durch die Winterlandschaft gleiten. Kommt, steigt ein!

Ich bin ein kleiner Schneemann

– Text und Musik: Volker Rosin –

1. Ich bin ein kleiner Schneemann
mit einem schwarzen Hut.
Und einer Rübennase,
die steht mir wirklich gut.

Refrain: Ich kann mich nicht bewegen,
doch wenn mich keiner sieht,
dann kannst du was erleben.
Pass auf, was dann geschieht:

Dann hüpfe ich mal hin, mal her.
Hüpfen fällt mir gar nicht schwer.

Hüpfe auch auf einem Bein,
das kann doch nicht schwierig sein.

Dreh mich dann im Kreis herum,
das macht Spaß, das ist nicht dumm.

In die Hocke, seht mal an,
was ein Schneemann kann!

2. Ich bin ein kleiner Schneemann
mit einem dicken Bauch.
Die Knöpfe sind aus Kohle,
mein Besen ist ein Strauch.

Refrain: Ich kann mich nicht bewegen,
doch wenn mich keiner sieht ....

3. Ich bin ein kleiner Schneemann,
steh fest auf meinem Platz.
Ich lache immer fröhlich
und mache nie Rabatz.

Refrain: Ich kann mich nicht bewegen,
doch wenn mich keiner sieht ....

Bewegungsideen:

1. Ich bin ein kleiner Schneemann
mit einem schwarzen Hut.
Und einer Rübennase,
die steht mir wirklich gut.

Jedes Kind zeigt auf sich selbst, bildet mit den Händen über dem Kopf einen spitzen Hut und zeigt eine lange Rübennase.

Refrain:
Ich kann mich nicht bewegen,
doch wenn mich keiner sieht,
dann kannst du was erleben.
Pass auf, was dann geschieht:

Mit dem Kopf wackeln.

Dann hüpfe ich mal hin, mal her.
Hüpfen fällt mir gar nicht schwer.

Von rechts nach links und vor und zurück hüpfen.

Hüpfe auch auf einem Bein,
das kann doch nicht schwierig sein.

Abwechselnd auf dem rechten und dem linken Bein hüpfen.

Dreh mich dann im Kreis herum,
das macht Spaß, das ist nicht dumm.

Im Kreis herumdrehen.

In die Hocke, seht mal an,
was ein Schneemann kann!

In die Hocke gehen und wieder hochspringen.

2. Ich bin ein kleiner Schneemann
mit einem dicken Bauch.
Die Knöpfe sind aus Kohle,
mein Besen ist ein Strauch.

Auf sich selbst zeigen. Mit Händen und Armen einen dicken Bauch andeuten. Mit einer Hand auf Knöpfe am Bauch zeigen und pantomimisch einen „Besen" in den rechten Arm nehmen.

Refrain:
Ich kann mich nicht bewegen,
doch wenn mich keiner sieht
....

– Wie vorher. –

3. Ich bin ein kleiner Schneemann,
steh fest auf meinem Platz.
Ich lache immer fröhlich
und mache nie Rabatz.

Auf sich selbst zeigen. Am Platz stehen bleiben und nur das Gewicht von einem auf das andere Bein verlagern. Ein fröhliches Gesicht machen und laut lachen.

Refrain:
Ich kann mich nicht bewegen,
doch wenn mich keiner sieht
....

– Wie vorher. –

Lied: Ich bin ein kleiner Schneemann
Moon Records Verlag
Volker Rosin, Düsseldorf

Rudolph, das kleine Rentier

Musik und Text: Johnny D. Marks
Deutscher Text: Horst Ackermann

1. Rudolph, das kleine Rentier,
jeder bei den Lappen kennt,
denn seine rote Nase
weit und breit wie Feuer brennt.

2. Alle ander'n Tiere lachen,
seh'n nur seine Nase an,
Rudolph ist so verzweifelt,
weil er nichts dran ändern kann.

3. Doch kurz vor der Weihnachtszeit,
kam der Nikolaus,
Rudolph's Nase führte ihn
aus dem dunklen Wald heraus.

4. Er war der Held des Tages,
alle waren stolz und froh
und man bewundert Rudolph
heute immer noch im Zoo!

SPIELIDEE:

MATERIAL: Schlitten – Rollbrett mit kleinem Kasten, ein Seil, eine Nikolausmütze, rote Papp- bzw. Plastiknase.

Alle Teilnehmer bilden eine Kreisform. Es wird vorher verabredet, wer Rudolph, das Rentier, und wer den Nikolaus spielen möchte. Rudolph setzt die rote Nase auf, der Nikolaus übernimmt den Schlitten und setzt die Mütze auf.

1. STROPHE
Alle Kinder machen sich klein, rollen sich z. B. im Fersensitz zusammen, sodass man die Gesichter und die rot angemalte Nase von Rudolph nicht sehen kann. Sie stehen langsam auf und zeigen auf die rote Nase. Tanzen und hüpfen zur Musik um Rudolph herum.

Der Nikolaus zieht den Schlitten außen um den Kreis herum.

2. STROPHE
Mit den Händen zeigen alle auf Rudolph und deuten an, dass die Nase blinkt und leuchtet. Sie schauen in den Himmel und strecken sich nach oben. Rudolph trottet traurig in die Kreismitte. Die anderen lassen auch traurig die Schultern hängen.

3. STROPHE
Der Nikolaus tritt mit dem Schlitten in die Kreismitte und geht auf Rudolph zu. Er legt Rudolph das Seil um, steigt in den Schlitten und nimmt die Zügel in die Hand.

4. STROPHE
Rudolph zieht den Nikolaus aus dem Kreis heraus und durch den Raum. Die anderen Kinder fassen sich an und tanzen in einer langen Schlange hinter dem Schlitten her.

Wer möchte in der nächsten Runde Rudolph oder den Nikolaus spielen?

LITERATUR HINWEIS

WAHRNEHMUNG

Im Märchenzelt unseres Weihnachtsmarkts können sich kleine und große Besucher gemütlich unter einer warmen Decke einkuscheln und der faszinierenden Geschichte zweier vorwitziger Sternenkinder lauschen.

Für diese Entspannungsgeschichte setzt die Übungsleiterin Taschenlampen ein. Mit dieser Methode werden besonders Kinder angesprochen, die auf Grund innerer Spannungszustände die Augen nicht schließen können oder möchten.

Entspannung ist ein ganzheitlicher Prozess. Der Körper, die Psyche (Gefühlsleben) und der Intellekt (Verstand/Denkfähigkeit) werden gleichermaßen angesprochen. So kann die Muskulatur nicht entspannt sein, wenn der Mensch psychisch belastet ist oder der Intellekt wichtige Probleme lösen muss.

Die Sternenkinder

Eine Entspannungsgeschichte mit Taschenlampen

Material: Für jedes Kind eine (Gymnastik-)Matte oder Decke, zwei Taschenlampen möglichst mit Blinkfunktion.

Vorbereitung: Die Matten werden halbkreisförmig um die Übungsleiterin angeordnet. Die Kinder legen sich bequem auf den Rücken, so dass ihre Köpfe zur Mitte zeigen. Alle liegenden Kinder sollten die Kegel der Taschenlampen an der Decke verfolgen können. Die Turnhalle bzw. der Bewegungsraum wird abgedunkelt.

Die Sternenkinder

Stell dir vor, du bist zu Hause in deinem Zimmer. Du hast dich gerade auf dein Bett gelegt und mit einer kuscheligen Decke zugedeckt. Dein Körper wird ganz warm. Deine Arme, Beine, dein Kopf fühlen sich ganz schwer an.

Du bist dir nicht sicher, ob du noch wach bist oder schon träumst, aber über dir am Himmel kannst du zwei helle Lichtpünktchen sehen.

Die Taschenlampen anknipsen und entsprechend den Bewegungen der Sternenkinder in der Geschichte bewegen.

Du glaubst zu erkennen, dass es zwei kleine Sterne sind.

Weil dein Kopf so schwer und müde ist, kannst du die beiden Sternenkinder nur mit den Augen verfolgen.

Die Sternenkinder freuen sich über deinen Besuch. Endlich ist jemand gekommen, mit dem sie spielen können. Sie hüpfen hoch und runter, drehen sich und machen Purzelbäume.

Ruhige Bewegungen!

Die Sterne funkeln und blitzen, sie schweben hierhin und dorthin.

Als sie merken, dass du dich nicht bewegst, wundern sie sich sehr. Sie machen nur noch langsame Bewegungen und schließlich eine Pause.

Sie überlegen, wie sie dich am einfachsten wach bekommen können.

Das eine Sternenkind hat eine Idee: Es fliegt zu deinem rechten Fuß und kitzelt dich sanft unter der Fußsohle. Du kannst es dort zwar nicht sehen, aber schon bewegst du deinen rechten Fuß.

Das hat das zweite Sternenkind gesehen und fliegt direkt zum linken Fuß und kitzelt dich unter jedem Zeh, bis du auch deinen linken Fuß bewegst.

Nun macht es den Sternenkindern richtig Spaß, dich zu berühren. Sie wandern die Beine hoch über deine Knie, deine Oberschenkel, deine Hüfte, bis sie an deinen Händen angekommen sind.

Ein Sternenkind hüpft auf der linke Hand, sofort von einem Finger zum nächsten. Die Finger deiner linken Hand beginnen, sich einzeln zu bewegen und plötzlich bildest du eine Faust. Der kleine Stern hat großes Glück gehabt, dass er nicht in deiner Faust gelandet ist!

Jetzt ist das andere Sternenkind an der Reihe. Es setzt sich auf deine rechte Handfläche. Hier bewegt es sich vorsichtig in der Handfläche hin und her. Als du auch deine rechte Hand zur Faust schließt, ist das Sternenkind schon längst mit seinem Freund auf deinem Kopf gelandet.

Von hier oben können sie deinen ganzen Körper betrachten. Sie rutschen nacheinander die Nase hinab, bis sie auf deinen Mund plumpsen. Von deinem Atem, der durch deinen geöffneten Mund herausströmt, werden sie sofort in die Luft gepustet. Das ist lustig! Die Sternenkinder wollen noch einmal und noch einmal in die Luft geblasen werden.

Als letzte Möglichkeit beschließen sie gemeinsam, auf deinen Bauch zu klettern. Denn dort ist fast jeder kitzelig: Flink krabbeln sie hierhin und dorthin.

Da merken sie plötzlich, dass es schon richtig spät geworden ist und die kleinen Sterne müssen wieder zurück, hinter den Mond in die Milchstraße 3. Sie machen sich auf den Weg nach Hause.

Als sie sich umdrehen, sehen sie, wie du deinen Körper bewegst, dich räkelst und streckst. Sie haben es also doch geschafft! Du bist wach.

Das erzählen die beiden Freunde sofort den anderen Sternenkindern in ihrer Nachbarschaft. Wer weiß, wann sie die nächste Reise auf die Erde antreten?

MUSIK

Für die meisten Kinder und auch Erwachsenen ist Schneegestöber zur Weihnachtszeit ein besonderes und eher seltenes Vergnügen. Egal, ob man das Schneetreiben vom Fenster aus beobachtet oder mittendrin ist, es bleibt ein sinnliches Erlebnis.

Wer ein besonderes Schneevergnügen erleben möchte, besucht am besten die „Schneeflockentanzschule" auf dem Weihnachtsmarkt. Mit ein bisschen Übung, ein paar einfachen Requisiten, Kostümen und passender Musik kann man schon bald eine Aufführung erleben, die eine winterliche Atmosphäre zaubert und die Zuschauer und Mitwirkenden auf die weißen Wintermonate einstimmt.

SCHNEEFLOCKEN TANZEN

– Text und Musik: Wolfgang Hering –

1. Schneeflocken tanzen, schau, wie sie munter sind.
Allein und dann zusammen, so dreh'n sie sich im Wind.
Schneeflocken tanzen, zu zweit und auch zu dritt.
Da machen ein paar Kinder aus lauter Freude mit.

Refrain:

Was ein Gewimmel kommt da vom Himmel.
Mit viel Vergnügen sieht man sie fliegen.
Es ist soweit, hurra, es schneit.
Weit und breit, hurra, es schneit.

2. Schneeflocken tanzen, sie tanzen heut im Kreis,
wirbeln um den Schneemann. Sein Hut, der wird ganz weiß.
Schneeflocken tanzen, sie tanzen um das Haus.
Bald sehen Dach und Bäume ganz weiß gepudert aus.

Refrain

3. Schneeflocken tanzen. Sie zaubern auch ganz gern
und zeigen sich am Himmel so wie ein großer Stern.

Refrain

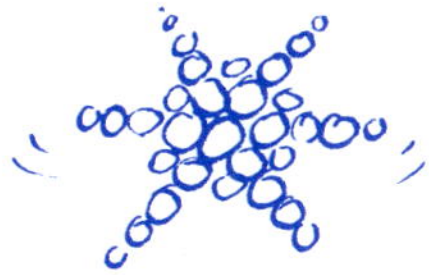

4. Schneeflocken tanzen ganz lautlos und ganz stumm.
Sie tanzen nur noch wenig mal hier, mal da herum.

Refrain: 2 x

5. Schneeflocken tanzen g'rad so, wie jede will.
Sie finden dann ein Plätzchen, da liegen sie ganz still.

Lied: Schneeflocken tanzen
Buch mit CD: Lieder zum Turnen und Toben
Christiana Rosenberg (Hg.)
Meyer & Meyer Verlag. Aachen 2000.

SPIELIDEE:

MATERIAL: Alltagsmaterialien, die sich zum Schweben und Heruntersegeln eignen, z. B. weiße Papiertaschentücher oder Servietten (in einzelne, dünne Lagen auseinander gepflückt) oder Styroporflocken, Wattebällchen sowie Plastikstreifen aus durchsichtigen Müllbeuteln.

Zuerst sucht sich jeder „Schneematerial" aus und versucht, die Musik nach eigenen Ideen in Bewegung umzusetzen. Die Übungsleiterin greift die Ideen der Kinder auf und gemeinsam entsteht eine erste kleine Choreografie. Ist allen das Lied bekannt, kann durch spielerisches Proben und den Einsatz einiger weiterer Requisiten auch eine Vorführung entstehen.

EINE AUFFÜHRUNG IN DER TURNHALLE:

Vorbereitung:

Mit einigen Dekorationshilfen und Requisiten wird eine winterliche Atmosphäre in der Turnhalle erzeugt. Aus Großgeräten wird ein Haus aufgebaut, z. B. Schneeballketten aus Wattebällchen und Garn, Eiskristalle aus weißen Pfeifenputzern, Wattebällchen und Styroporflocken als Schnee, Tannenbäume aus Tapete.

Die Kinder stellen in selbst gestalteten Kostümen Schneeflocken, je nach Gruppengröße, einen oder mehrere Schneemänner und ganz normale Winterkinder dar.

Schneeflocken – tragen weiße, eng anliegende Kleidung zum Unterziehen. Aus großen, weißen Müllbeuteln werden Kleider hergestellt, indem Hals und Arme ausgeschnitten werden. Mit Watteböllchen, weißen Krepppapier- und Folienstreifen werden sie verziert sowie Hände, Füße und Kopf geschmückt. Eventuell mit wasserlöslicher Theaterschminke und Glitter das Gesicht fantasievoll bemalen.

Kinder – ziehen typische Kleidungsstücke für den Winter an, Anorak, Mütze, Schal, Handschuhe.

Schneemänner – tragen weiße Kleidung, eventuell weiße Handschuhe. Aus weißem Tonkarton wird der Schneemannkörper 2 x ausgeschnitten. Aus schwarzem Tonpapier Knöpfe aufkleben. Beide Teile werden an den Schultern verbunden und können nun wie Plakatwerbung übergezogen werden. Außerdem benötigt der Schneemann einen schwarzen Zylinder, eine Mohrrübe aus rotem Karton für die Nase und einen bunten Schal. Eventuell mit wasserlöslicher Theaterschminke das Gesicht bemalen.

Der Schneeflockentanz beginnt:

Zur ersten Strophe:

Schneeflocken – tanzen, drehen sich, schweben, wirbeln Watte durch die Luft, tanzen zunächst allein, dann zu zweit und zu dritt.

Winterkinder – tanzen allein und/oder gemeinsam mit den Schneeflocken.

Schneemänner – stehen bewegungslos vor dem Haus.

Zum Refrain: Kinder und Schneeflocken wirbeln Watte in die Luft und strecken bei „Hurra" die Arme in die Höhe.

Einige Schneeflocken klettern über die Bank auf den Weichboden und lassen Watte vom Dach herabrieseln.

Zur zweiten Strophe:

Schneemänner – bewegen sich, als wenn sie gefrorene Gliedmaßen hätten und stellen sich mittig auf. Sie tanzen mit abgehackten Bewegungen auf der Stelle und drehen sich dabei langsam.

Schneeflocken – bilden einen oder mehrere Kreise um den bzw. die Schneemänner, bedecken ihn bzw. sie mit Schnee.

Winterkinder – tanzen um das Haus, klettern auf das Dach des Hauses und wirbeln immer wieder Schnee auf.

Schneemänner – stellen sich am Ende in den Hintergrund zurück und erstarren wieder.

Zum Refrain: Wiederholung s. o.

Zur dritten Strophe:

Schneeflocken und Kinder – legen sich in mehreren Kleingruppen sternenförmig, mit dem Rücken auf den Boden, die Köpfe zeigen in die Mitte. Im Liegen werden immer wieder einige Watteböllchen in die Luft geworfen sowie fließende Bewegungen mit den Armen ausgeführt.

Zum Refrain: Wiederholung s. o.

Zur vierten Strophe:

Das Schneegestöber wird merklich weniger.

Schneeflocken – tanzen nicht mehr so ausgelassen.
Winterkinder – setzen sich ins Haus.

Refrain (2 x): Wiederholung s. o.

Winterkinder – legen sich am Ende des Refrains im Haus schlafen.

Zur fünften Strophe:

Schneeflocken – tanzen für sich allein, einige suchen sich ein Plätzchen und legen sich hin, andere tanzen noch weiter, bis sich alle Schneeflocken um das Haus und auf das Dach verteilt haben und still liegen bleiben.

KLEINGERÄTE
– ÜBLICHE UND UNGEWÖHNLICHE –

Eine Bude mit Naschereien darf natürlich auch auf unserem Weihnachtsmarkt nicht fehlen. Wir können allerdings garantieren, dass das, was man hier bekommt, garantiert zuckerfrei und absolut gesund ist. Bringt es doch selbst kritische, eher zurückhaltende Besucher in kürzester Zeit so richtig in Schwung.

Deckel auf, Deckel ab, Deckel zu!

Fast auf jedem Frühstückstisch, an dem kleine Kinder sitzen, findet man ein Glas mit Nuss-Nougat-Creme, denn was schmeckt kleinen Naschkatzen besser als Nutella® auf einem knackig-frischen Brötchen!

Diese Nutella®-Gläser haben einen weißen Schraubdeckel, der sich zur Verwendung in der Turnhalle gut eignet. Für die nachfolgenden Spielvorschläge benötigen wir an die 100 Deckel. Das hört sich gewaltig an, es dürfte jedoch nicht lange dauern, bis mithilfe der Mütter unserer Turnkinder, von Freunden und Bekannten eine ausreichende Anzahl von Nutella®-Deckeln zur Verfügung steht. Natürlich können alle Spiele bei entsprechender Abwandlung auch mit weniger Schraubdeckeln gelingen und Twist-off-Deckel von Gurkengläsern, Apfelmus und Sauerkirschen sind brauchbare Ersatzstücke für Nutella®-Allergiker.

Ein wenig Mühe macht die Vorbereitung für die nachfolgenden Spiele schon, aber in der Praxis wird sich sehr bald herausstellen, wie vielseitig die Deckel, die beklebt werden, einsetzbar sind.

Für die folgenden Suchspiele werden die abgebildeten Zeichnungen entsprechend dem Deckeldurchmesser vergrößert kopiert, danach kreisrund ausgeschnitten, nach Möglichkeit farbig ausgemalt und mit reichlich Klebstoff in die Innenseiten der Deckel geklebt.

Fahrzeuge

– Fotokopiervorlage –

FLUGGERÄTE

– Fotokopiervorlage –

SPORTLER

– *Fotokopiervorlage* –

BLUMEN

– Fotokopiervorlage –

Bestecke

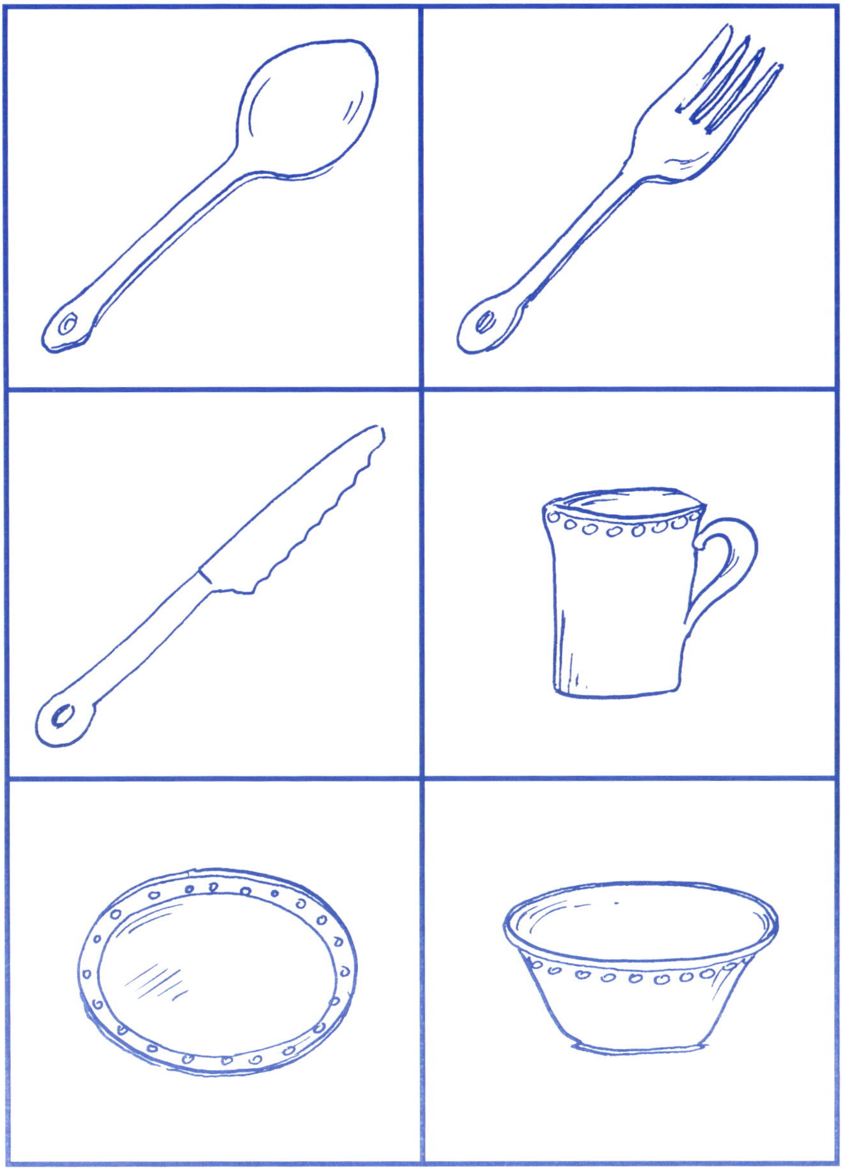

– Fotokopiervorlage –

MÖBEL

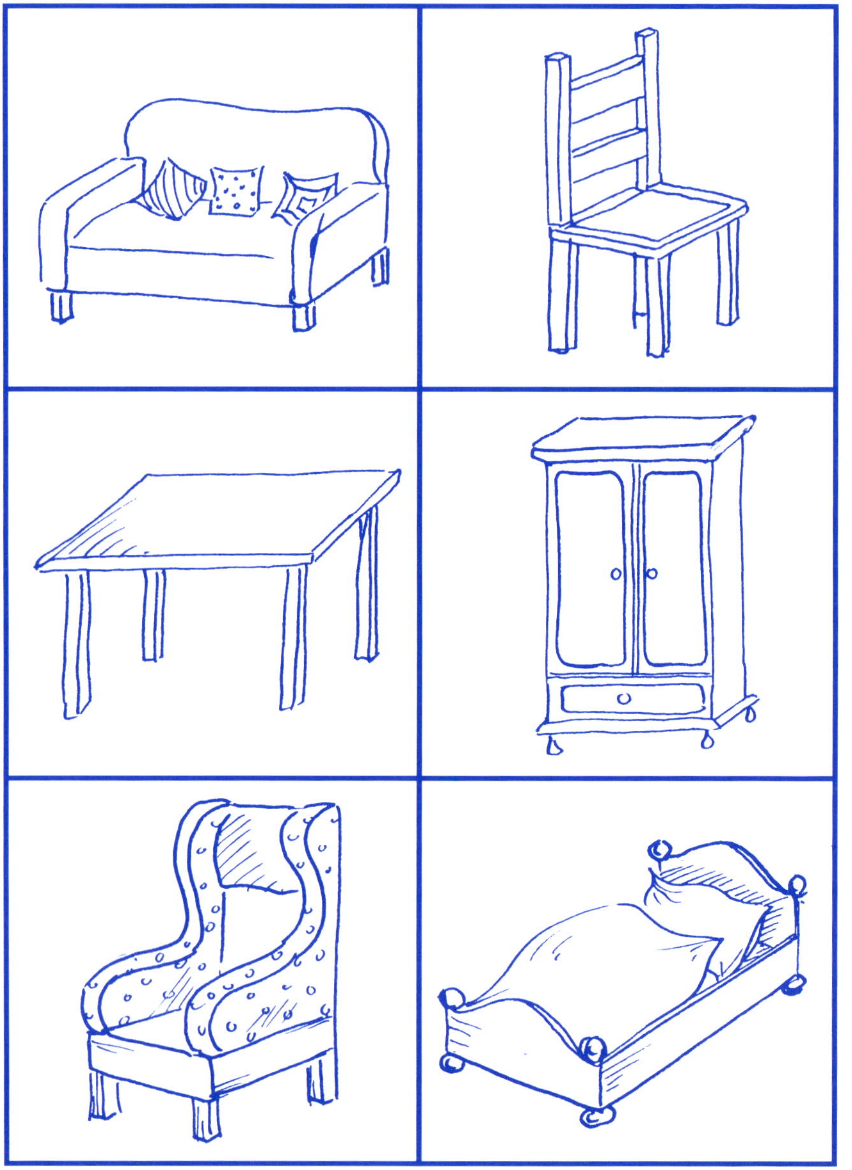

– *Fotokopiervorlage* –

SCHULSACHEN

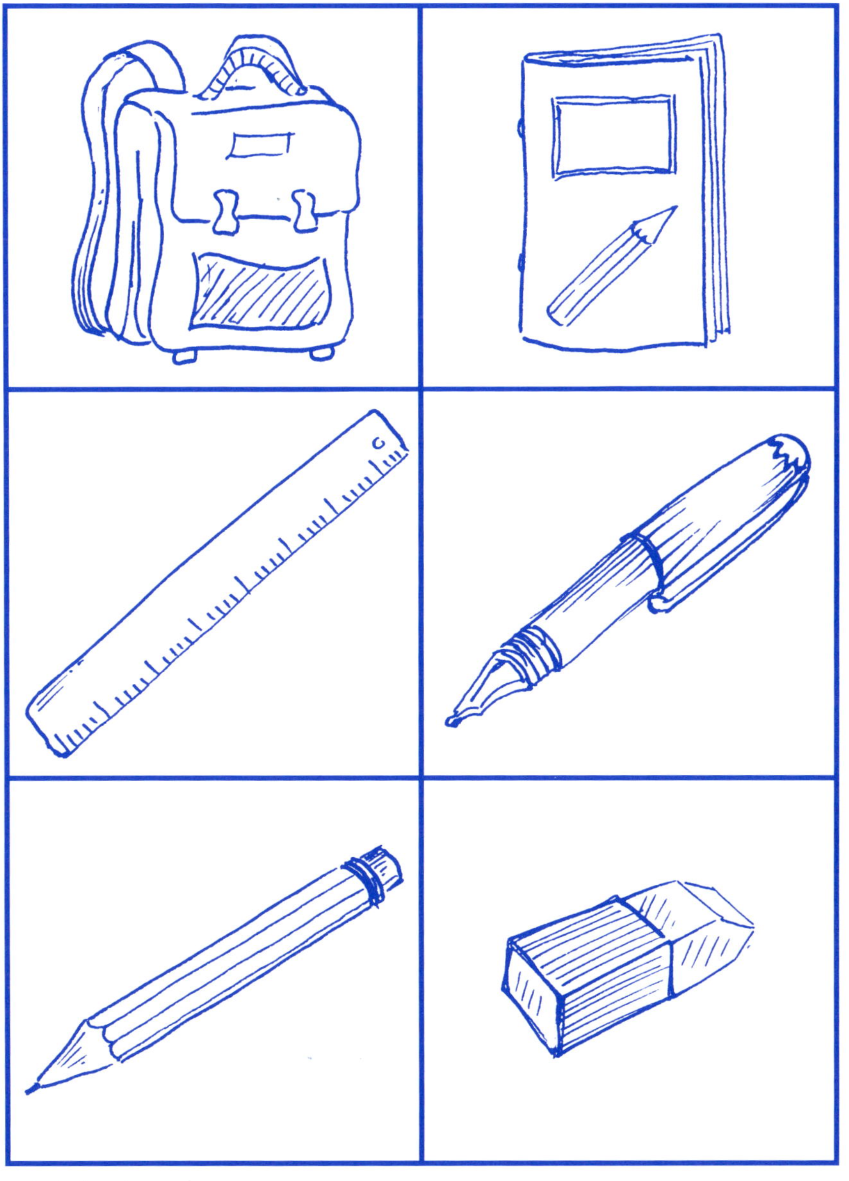

– Fotokopiervorlage –

WERKZEUGE

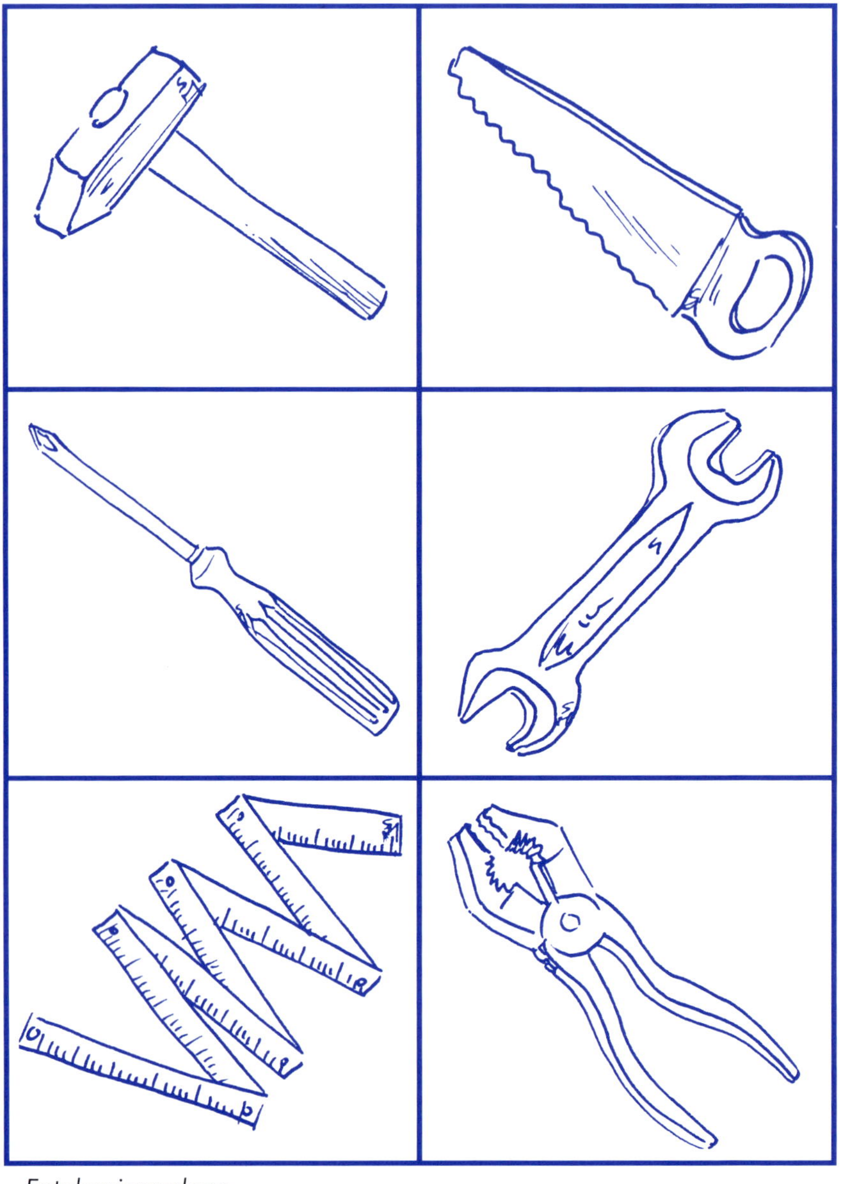

– *Fotokopiervorlage* –

Bewegungsspiele mit Deckeln

Nach einer kreativen Experimentierphase, in der Eltern und Kinder herausfinden können, was man mit den Deckeln alles anstellen kann, werden interessante Möglichkeiten aufgegriffen und der gesamten Gruppe zum Nachahmen angeboten.

Der Deckeltransport

Probiert aus, auf welchen Körperteilen man einen oder mehrere Deckel gleichzeitig transportieren kann (Kopf, Schulter, Fingerspitzen, Fuß ...).

Der Kullerdeckel

Auf welchen Wegen können die Deckel rollen (vor dem Körper hin und her, rückwärts durch die Beine, möglichst weit ...)?

Das Deckelrutschen

Mit welchen Körperteilen können die Deckel so angeschoben werden, dass sie durch den Raum rutschen (flache Hand, Finger, Fuß)?

Deckel durchs Tor

Wie ist es möglich, Tore zu schaffen, durch die die Deckel rutschen können (durch die eigenen gegrätschten Beine, durch die Beine eines Partners oder unter dessen Knieliegestütz oder hohen Liegestütz hindurch ...)?

Deckel ins Ziel

Sucht euch Ziele und versucht, diese durch Rutschen des Deckels zu treffen (anderer Deckel, farbige Linie, Wand, Tür, zum Halbkreis gelegte Seile ...).

Deckelboccia

Die Kinder spielen paarweise zusammen. Sie suchen sich je zwei Deckel mit gleichem Bild und einen weiteren Deckel als Ziel. Ein Kind schiebt das Ziel möglichst weit weg, danach versuchen die beiden Kontrahenten, ihre eigenen Deckel möglichst nahe an das Ziel zu rutschen.

Suchspiele

Alle Deckel liegen mit der Bildseite nach unten auf dem Hallenboden. Die Kinder bewegen sich in verschiedenen Fortbewegungsarten, die von der Spielleiterin zugerufen werden, um die Deckel herum.

Die Spielleiterin ...

- hebt einen Deckel hoch und zeigt ihn der Gruppe. Wer findet das passende Doppel?
- ruft: „Sucht bitte zwei Deckel einer Sachgruppe (z. B. Messer und Gabel oder Fallschirm und Flugzeug u. Ä.)."
- bittet, acht Deckel zu suchen, von jeder Sachgruppe einen; also ein Besteck, eine Blume, ein Fahrzeug, ein Möbelstück usw.
- möchte, dass die Kinder jeweils fünf Deckel von Dingen suchen, die sich normalerweise im Haus befinden.
- hätte gern, dass die Kinder fünf Deckel von Dingen suchen, die nicht ins Haus gehören.
- bildet acht kleine Teams; jedem Team wird eine Sachgruppe zugeordnet. Alle acht Deckel der jeweiligen Gruppe sollen so schnell wie möglich gesammelt werden.

Gemeinschaftsaufgaben

- Alle Kinder stapeln alle vorhandenen Deckel zu einer Pyramide auf.

- Den acht Sachgruppen werden Sammelstellen an den Hallenrändern zugeordnet, die eventuell mit einem entsprechenden Bild gekennzeichnet werden. Alle Deckel liegen mit der Bildseite nach oben in der Halle und sollen mit verschiedenen Körperteilen an die verabredete Sammelstelle gerutscht werden. Alle Kinder beteiligen sich an dieser „Sortiermaschine", sodass sich ein lebhaftes Schieben und Rutschen entwickelt.

Anmerkung: Bei den Suchspielen kann man entweder darauf Wert legen, dass sich die Kinder nach und nach die jeweiligen Plätze der Deckel merken (Memory) oder bei jeder Bewegungsphase zwischen den einzelnen Aufgaben durch Wegschieben der Deckel deren Liegepunkte verändern.

BEWEGUNGSGESCHICHTE

Die Weihnachtsmarktorganisatoren haben natürlich auch an die Tiere im Winter gedacht, die ihr ganz eigenes Verhältnis zum Schnee haben.

Starker Schneefall ist für jeden ein faszinierender Anblick. Für Kinder ist das Spielen im Schnee besonders freudvoll und mit großer Lust verbunden. Auch, wenn nicht in jedem Winter davon ausgegangen werden kann, dass es draußen schneit, so schneit es mithilfe der folgenden Geschichte auf jeden Fall in unserer Turnhalle!

Tiere im Winterwald

Material: Styroporflocken (z. B. aus dem Porzellanladen) oder weiße Makulaturpapierschnipsel, große, weiße Betttücher, Besen, Handfeger, eine Möhre, Steine o. Ä. als Schneemannknöpfe, Zweig/Stab.

Pro Teilnehmer ein Tierbild aus Zeitschriften ausschneiden, auf Pappe kleben und mit einer Sicherheitsnadel am T-Shirt der Kinder befestigen: Eichhörnchen, Rehe, Wildschweine, Hasen, Füchse.

Bei den Tieren im Wald gibt es seit kurzem kein anderes Thema mehr. Es hat sich herumgesprochen, dass es in den nächsten Tagen schneien soll. Der Winter ist schon lange eingetroffen; es herrscht Eiseskälte!

Das Eichhörnchen kann es kaum erwarten. Es klettert auf den nächsten Baum bis hoch auf die Baumspitze, damit es den Himmel beobachten kann. Auch das kleine Wildschwein möchte endlich über die vom Himmel schwebenden Flocken staunen und im Schnee spielen.

Doch leider hat es auch an diesem Tag wieder nicht geschneit. Enttäuscht suchen sich die Tiere im Wald ein gemütliches und warmes Plätzchen für die Nacht.

Die Übungsleiterin motiviert die Teilnehmer, die Tiere mit einer Schneedecke zu überraschen. Eine vorbereitete Schneewolke wird von den Kindern erst langsam, dann schneller bewegt, sodass alle Flocken durcheinander wirbeln. Anschließend dürfen sich alle ein Tierbild aussuchen und anstecken.

Als am nächsten Morgen die ersten Tiere von der Wintersonne aufgeweckt werden und aus ihren Verstecken kommen, trauen sie ihren Augen nicht. Verwundert schauen sie sich im Wald um: Alle Bäume, Wiesen und Wege sind weiß!

Die Nachricht verbreitet sich rasend schnell. Das scheue Reh sagt es dem pfiffigen Hasen und dieser wiederum sagt es dem kleinen Wildschwein – das aber schon Bescheid wusste! Trotzdem teilt es die Neuigkeit dem verschlafenen Eichhörnchen mit. Alle freuen sich: Hurra, es hat geschneit!

Die Tiere laufen schnell durch den verschneiten Wald.

Alle Kinder laufen nach eigenen Ideen durch die Styroporflocken.

Das kleine Wildschwein freut sich besonders über den Schnee. Es versucht, so durch den Schnee zu laufen, dass die Schneeflocken hoch durch die Luft wirbeln. Habt ihr eine Idee, wie auch uns das gelingen könnte?

Die Kinder entwickeln Ideen, z. B. ganz schnell laufen und mit den Füßen die Flocken aufwirbeln, die Flocken mit den Füßen in verschiedene Richtungen schießen.

Die Schneeflocken tanzen, wirbeln und drehen sich in der Luft. Wie können die Tiere im Wald gemeinsam ein richtiges Schneegestöber herbeiführen?

Alle teilnehmenden Kinder wirbeln z. B. durch Hochtreiben der Flocken mit Händen oder Füßen immer wieder die Flocken in die Luft oder sammeln Flocken auf dem Betttuch und schütteln es kräftig aus.

Dem verschlafenen Eichhörnchen landet auf einmal eine Schneeflocke auf der Nase. Das sieht lustig aus! Auf welchem Körperteil könnt ihr die Schneeflocken sonst noch landen lassen?

Beispielsweise auf dem Kopf, den Armen, Händen, auf dem Fuß.

Den schlauen Fuchs interessiert dabei ganz besonders, wie viele Flocken die anderen auf einem Körperteil tragen können, ohne dass sie wieder herunterfallen. Sehr genau zählt er diese und ruft die Zahl laut durch den Wald!

Die Kinder laden sich gegenseitig z. B. auf den Rücken oder Kopf nur so viele Flocken auf, dass keine herunterfallen.

Die Tiere sind begeistert von den Schneeflocken. Sie reiben sich gegenseitig mit Schnee ein und wälzen sich darin.

Z. B. sich gegenseitig den Rücken mit Schnee abrubbeln und sich auf den Boden wälzen, rollen, robben.

Wer hat Lust, sich von den anderen Tieren im Schnee einbuddeln zu lassen? Und wie kann man sich anschließend wieder befreien?

Z. B. lässt sich ein Kind freiwillig mit den Flocken zudecken und entscheidet, wie es sich aus den Flocken wieder befreien möchte.

Das Eichhörnchen ist endlich hellwach und fragt gemeinsam mit dem pfiffigen Hasen die anderen Tiere: Habt ihr Lust, eine Schneeballschlacht zu veranstalten?

Kinder bewerfen sich mit Styroporflocken.

Haben die anderen Tiere vielleicht auch noch Ideen, was man mit dem Schnee spielen könnte?

Ideen der Kinder aufgreifen und einbeziehen.

Das scheue Reh stellt den anderen eine kniffelige Aufgabe: Welche Möglichkeiten gibt es, die Schneeflocken vorwärts zu treiben, ohne sie zu berühren?

Z. B. mit den Händen fächern oder pusten.

Die Tiere wollen versuchen, einen Schneemann zu bauen. Der pfiffige Hase zaubert eine Möhre aus seinem Wintervorrat hervor. Das kleine Wildschwein konnte einige Äste für den Besen entbehren und das Reh leiht dem Schneemann kurz seine Mütze.

Die Kinder legen auf dem Boden aus Styroporflocken, Steinen, Rübe und Hut einen Schneemann.

Das Eichhörnchen versucht nun, mit den Flocken seinen besten Freund, den Hasen, nachzulegen. Andere Tiere legen mit den Flocken Bilder von sich selbst oder von anderen Dingen aus dem Wald nach.

Z. B. Körperumriss eines Kindes mit den Flocken nachlegen; Haus, Baum oder Sonne mit den Flocken malen.

Was kommt denn da? Die Tiere wundern sich, woher auf einmal der Krach kommt. Es ist ein großer Schneepflug, der alle Schneeflocken zu einem großen Haufen zusammenschiebt.

Z. B. mit mehreren Besen die Flocken zusammenkehren oder einen Schneepflug bauen.

In diesen großen Haufen möchten die Tiere ein letztes Mal hineinspringen! Alle hatten großen Spaß im Schnee und hoffen, dass sie auch am nächsten Wintermorgen von herabfallenden Schneeflocken geweckt werden.

GROßGERÄTE – BEWEGUNGSLANDSCHAFTEN

Inmitten unseres Weihnachtsmarkts trifft man auf eine außergewöhnliche Schlittenbahn. Die Turngeräte, die wir dazu benötigen, werden von den Teilnehmern selbst mitgebracht und bei passendem Wetter findet diese Übungsstunde im Freien statt.

Auf einer unberührten, frisch verschneiten Schneefläche auf dem Sportplatz hinter oder auf der Rasenfläche vor der Halle macht die Schlittenparade mit einem Schlitten-Sprung-Parcours, dem Schlittencurling oder einer Schlittenburg besonders viel Spaß.

Spielt das Wetter in einem Winter einmal gar nicht mit, kann man die Schlittenkufen mit alten Handtüchern bzw. Teppichresten bekleben oder sie auf einem Rollbrett befestigen und so auch einige der nachfolgenden Ideen in der Turnhalle ausprobieren.

Große Schlittenparade

Bereits Anfang des Winters wird die Gruppe gebeten, an dem Tag, an dem abzusehen ist, dass die Schneedecke vor Ort geschlossen ist, einen Schlitten und warme Winterkleidung zur Turnstunde mitzubringen. Da wir sehr aktiv sein werden, sollten die Teilnehmer unbedingt gute Handschuhe und Stiefel, die nicht sofort durchnässen und eine Mütze tragen. Unter dem Anorak oder dem Schneeanzug sollten sie nicht zu warm angezogen sein.

Die Übungsstunde, die nun folgt, findet auch bei niedrigen Temperaturen im Freien statt. Gegen Kälte hilft intensive Bewegung.

Zuerst wird unser „schneeweißer" Turnplatz für diese außergewöhnliche Turnstunde vorbereitet. Alle stapfen mit unterschiedlichen Schritten tiefe Spuren in die frisch gefallene Schneedecke.

Alle gehen vorwärts, rückwärts oder seitwärts, auf allen vieren oder hüpfen bzw. springen ganz verschiedene Spuren und Muster in den Schnee.

Vielleicht findet ihr eine Erhöhung, von der man die schönen Muster besser übersehen kann.

Ist doch klar, dass wir uns vor der großen Schlittenparade oder dem Schlittenrennen erst einmal richtig warm „turnen" müssen, oder?

Also, auf in den Schlittensprungparcours: Dazu werden alle Schlitten der Länge nach, mit etwas Abstand voneinander, auf ein oder zwei Linien (je nach Anzahl) abgestellt.

Kinder und Eltern – *laufen nun im Slalom um die Schlitten herum.*

Kinder und Eltern – *steigen jeweils mit dem einen und auf dem Rückweg mit dem anderen Bein auf die Schlitten.*

Kinder und Eltern – *steigen auf die Schlitten und springen auf der anderen Seite wieder herunter.*

Eltern und Kinder – *gehen nacheinander von Schlitten zu Schlitten und springen wie bei der Hockwende mit beiden Füßen auf den Schlitten und auf der anderen Seite wieder herunter.*

Eltern und Kinder – *hocken auf die Schlitten und springen wieder hinunter.*

Eltern und Kinder – *versuchen Hockwenden über die Schlitten.*

Danach wird der Sprungparcours etwas umgebaut, die Schlitten werden quer zur Laufrichtung gedreht.

Jeweils zwei Erwachsene laufen mit einem Kind in der Mitte und helfen dem Kind, das selbst abspringt, über die Schlitten zu „fliegen".

Mutige Schlittenspringer versuchen, ohne die Hände zu benutzen, über die Schlitten zu springen.

Zur Belohnung für so viel Fleiß folgt etwas Ruhigeres, es funktioniert allerdings nur in frischem Schnee. Die Übungsleiterin sucht eine Stelle aus, an der eine Zuschauertribüne für die Schlittenparade und das Schlittenrennen entstehen soll. Die Fläche sollte so groß sein, dass alle Teilnehmer mit ausgebreiteten Armen darauf gut Platz haben. Gut geeignet ist eine kleine Böschung oder ein Hügel, wie man ihn oft am Sportplatzrand findet.

Die Zuschauer sind ganz ruhig und sehr brav, sie sehen aus wie Engel, vielleicht sind es ja unsere Schutzengel!

Kinder und Eltern verteilen sich stehend gleichmäßig auf der Fläche. Dann lassen sich alle rückwärts in die weiche Schneedecke fallen, liegen auf dem Rücken und „malen" mit Armen und Beinen einen Engel in den Schnee.

Vorsichtig stehen alle auf, gehen ein paar Schritte aus der Menge und sehen sich ihre kleinen Kunstwerke an.

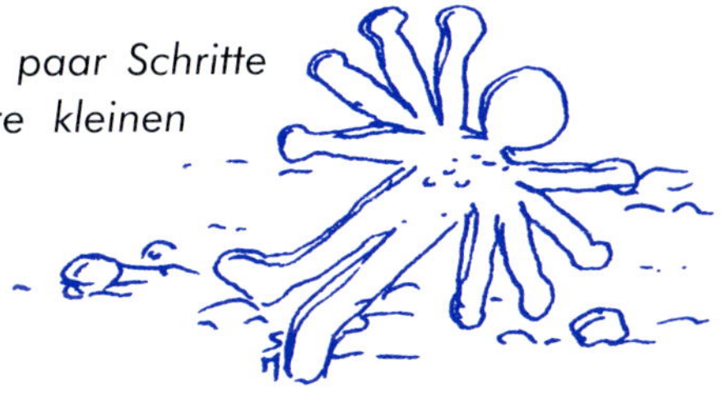

1. SCHLITTENPARADE

Jede Familie (im Kinderturnen jeweils ein Paar) nimmt einen Schlitten, alle stellen sich in einer langen Schlange hintereinander auf und ziehen so von einer Stelle des Platzes zu einer anderen.

Kinder	-	*setzen oder legen sich auf den Schlitten und lassen sich gemütlich ziehen.*
Eltern/Partner	-	*ziehen die Schlitten, so schnell sie können.*

Anschließend Rollentausch!

Zwei Kinder ziehen einen Erwachsenen, während der andere Elternteil auf dem zweiten Schlitten sitzt. Er oder sie versucht, hinterher zu rutschen, in dem er sich kräftig mit den Füßen abstößt.

2. SCHLITTENPARADE:

Jeweils 3-4 Schlitten werden nebeneinander über eine gerade Strecke geschoben.

Kinder	-	*sitzen auf dem Schlitten.*
Eltern	-	*stehen hinter den Kindern, fassen die Schultern und schieben sie über die Strecke.*

Rollentausch, Eltern helfen eventuell mit den Füßen!

3. GROßES SCHLITTENRENNEN

Eltern	-	*stellen sich alle so auf, dass ein dem Alter der Kinder angemessener Rundparcours entsteht.*
Kinder	-	*ziehen ihre Schlitten jetzt (entweder alle gleichzeitig oder jeweils zu zweit oder zu dritt), so schnell sie können, einmal herum.*

Rollentausch!

4. SCHLITTENSLALOM

Mehrere Teilnehmer verteilen sich auf der Fläche und bilden zu zweit Slalomtore, durch die die anderen mit ihren Schlitten hindurchschieben können.

Eine Gruppe bildet die Tore.

Die anderen fassen ihre Schlitten am hinteren Ende an und schieben sie durch die Tore. Rollentausch!

5. SCHLITTENCURLING

Ein kleiner Schneehaufen oder Schneemann ist für diese Aktion das Ziel.

Die Schlitten werden nach einem kurzen Anlauf (3-5 Schritte) von einer vorher bestimmten Linie aus mit Schwung auf das Ziel zugeschoben. Welcher Schlitten gleitet am dichtesten ans Ziel oder berührt es sogar?

Kinder und Eltern – fassen die Schlitten am hinteren Ende an, laufen ein paar Schritte und schieben sie dann mit Schwung so weit wie möglich von sich weg in Richtung Ziel.

Kinder und Eltern – schieben wieder an, legen sich dann schnell mit dem Bauch auf den Schlitten und versuchen, das Ziel mit der Hand zu berühren.

6. Schneeschieber in Aktion

In mehreren Kleingruppen werden große Schneehaufen zusammengeschoben.

Kinder – legen sich bäuchlings auf die Schlitten, so weit nach vorn, dass sie mit den Händen in den Schnee fassen können. Während sie geschoben werden, schieben sie den Schnee vor sich her.

Eltern – fassen die Füße der Kinder und schieben sie vorwärts.

7. Die Schlittenburg

Nach dem fleißigen Schneeschieben versammeln sich die Schlittenfahrer um die Schneehaufen und bauen sich aus den Schlitten unterschiedliche Burgen.

In der Burg werden möglichst viele Schneebälle vorbereitet.

Als Nächstes erobern die Schlittenburgbesitzer ihre Burg, indem sie außen herum einen Kreis bilden. Mit einem Lied wird die Burg eingeweiht:

Zum Beispiel singen alle:

„Schneeflöckchen, Weißröckchen, komm zu uns ins Tal,
dann bau'n wir den Schneemann und werfen den Ball!"

oder:

„Es schneit, es schneit, kommt alle aus dem Haus,
die Welt, die Welt sieht wie gepudert aus.
Es schneit, es schneit, das müsst ihr einfach seh'n,
kommt mit, kommt mit, wir wollen Rodeln geh'n".

„Wir laufen durch die weiße Pracht
und machen eine Schneeballschlacht ..."

(Auszug aus: „Es schneit", Text und Musik: Rolf Zuckowski)

Zum Lied gehen oder hüpfen alle um ihre Burgen herum, die Wörter „Ball" bzw. „Schneeballschlacht" sind wie Kodewörter, alle springen sofort hinter ihre Burgmauern und eine große Schneeballschlacht zwischen den Burgen beginnt.

Wie oft die Schneeschieber neuen Schnee für Schneebälle holen und das Schneeballschlachtspiel spielen, hängt sicher vom Spaß ab, den ihr und eure Kinder dabei haben und vom Wetter.

Beendet wird diese etwas andere Turnstunde mit einem kleinen Geschenk. Jeder Teilnehmer nimmt sich einen Schlitten (nicht den eigenen) und zieht diesen an einen selbst ausgewählten Platz.

Hier wird nun ein kleiner Schneemann auf dem Schlitten gebaut.

Die Übungsleiterin hält Stoffreste als Schal, ein paar Steine oder übrig gebliebene Kastanien als Augen und Knöpfe bereit und jeder kann den neuen kleinen Freund auf seinem Schlitten mit nach Hause nehmen.

Wir wünschen euch zum Abschluss schönes Winterwetter und in jedem Turnjahr mindestens einen Tag mit einer flockig-weichen Schneedecke.

KLEINE SPIELE

Geht man auf unserem Weihnachtsmarkt auch einmal in die entlegeneren Ecken, kann man Spielideen entdecken, die für eine rundum themenbezogene Winterturnstunde einsetzbar sind und nicht nur die motorischen Fähigkeiten der Kinder fördern, sondern gleichermaßen das soziale Miteinander, Gefühlserleben, die Wahrnehmungsfähigkeit sowie das Denken und die Handlungsfähigkeit.

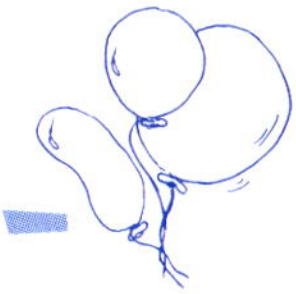

Was zieh ich an?

Material: Typische Kleidungsstücke in der Größe von Erwachsenen für den Winter (Mütze, Schal, Handschuhe, Pullover, Strumpfhose ...) und Sommer (Badehose, T-Shirt, Sonnenbrille, Top, Rock, Badeschlappen ...).

Musik: Laufmusik, z. B. Track 3 oder 4 von der CD „Tip ...Tap ... – Instrumentalmusik für Notenhopser und Leiseschleicher", Idee und Umsetzung: Heidi Lindner und Michael Gundlach nach Originaltiteln von Rolf Zuckowski, Pipo-Musikwerkstatt Neumünster, erhältlich im Meyer & Meyer Verlag Aachen.

Vorbereitung: Die Kleidungsstücke werden in der Halle verteilt.

Zur Musik laufen alle Kinder um die Kleidungsstücke herum. Bei Musikstopp wird von einem Kind bzw. der Leiterin jeweils laut „Sommer" oder „Winter" gerufen.

Bei Musikstopp führen alle die folgenden Bewegungsaufgaben aus:

- Findet möglichst schnell die Kleidungsstücke, die nur im Winter oder Sommer getragen werden.

- Versucht, das richtige Kleidungsstück für Winter oder Sommer anzuziehen.

In der nächsten Musikpause spielen wir „verkehrte Welt“:

- Dieses Mal sind die Jahreszeiten vertauscht. Im Sommer tragen alle Wintersachen und im Winter Sommersachen.

- Probiert aus, die Kleidungsstücke mit einem anderen Körperteil anzuziehen (z. B. die Mütze über einen Fuß stülpen oder die Badehose auf den Kopf setzen).

- Habt ihr eine Idee, wir ihr gemeinsam ein Winterkind oder Sommerkind mit den Kleidungsstücken auf dem Boden legen könnt (z. B. Sonnenbrille, T-Shirt, Badehose, Socken, Badeschlappen untereinander anordnen)?

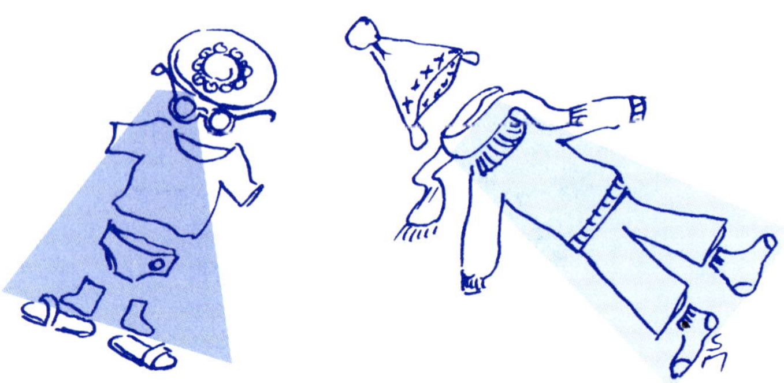

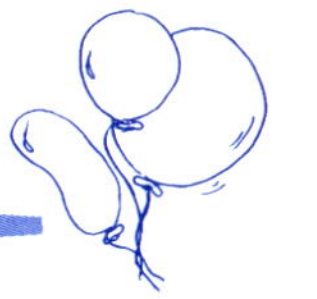

SCHNEEGESTÖBER

MATERIAL: Weiße, kleine und große Chiffontücher, kleine Bettlaken, Tischdecken, Moskitonetz oder Gardinen. Blaue Chiffontücher oder Streifen von Müllsäcken für die Eiswindspieler.

SPIELIDEE:

An einem kalten Wintertag beginnt es schon morgens zu schneien. Es hört den ganzen Tag nicht auf, im Gegenteil, es entsteht ein richtiges Schneegestöber. Versucht, möglichst ununterbrochen, die Schneeflocken in die Luft zu wirbeln.

Die Mitspieler werfen die Tücher immer wieder in die Luft, sodass möglichst wenige Tücher auf dem Boden liegen bleiben.

Wenn jedoch der kalte Eiswind kommt, müssen wir uns schnell mit Schnee bedecken – möglichst keine Stelle unseres Körpers sollte noch herausschauen. Der kalte Wind versucht nämlich, unbedeckte Körperstellen zu finden und berührt sie.

Einem oder mehreren Kindern je nach Gruppengröße werden blaue Chiffontücher um die Handgelenke gebunden, damit sind sie als kalter Eiswind gekennzeichnet.

Nach einiger Zeit des Schneegestöbers rufen sie gemeinsam: „Achtung, der Eiswind kommt!"

Schnell verstecken sich die anderen Kinder allein, zu zweit oder zu mehreren unter den weißen Tüchern, Gardinen, Bettlaken usw.

Die Kinder, die vom kalten Eiswind berührt worden sind, verwandeln sich in der nächsten Runde in den Eiswind.

ATTRAKTIVE AKTION

Von Zauberhand baut sich auf unserem Weihnachtsmarkt plötzlich ein riesengroßer Adventskalender auf. Leise Töne erklingen, nach und nach öffnen sich die Kalendertürchen und wie aus einer großen Spieluhr spielen, tanzen und turnen weihnachtliche Figuren heraus.

Ein lebendiger Adventskalender

„Kleine Kinder, große Kinder haben einen Traum: 24 Türchen hat der Weg zum Weihnachtsbaum."

Diese Zeilen singt Rolf Zuckowski in seinem Weihnachtslied „Kleine Kinder, große Kinder", das uns zu der nachfolgenden Spielidee inspiriert hat. Hinter den 24 Türchen verstecken sich wie in einem richtigen Adventskalender ganz verschiedene weihnachtliche Symbole. Diesen werden von Kindern oder Eltern und Kindern unserer Gruppen dargestellt, sie übernehmen dabei die Rollen der Spielfiguren. Je nach Alter der Kinder denken sie sich die Bewegungsmöglichkeiten selbst aus oder die Gruppenleiterin gibt sie vor.

Zur Durchführung ist zunächst eine Entscheidung nötig:

Beispiel 1 – es soll eine Turnstunde werden, in der die Teilnehmer sich selbst durch die verschiedenen Kalendertüren hindurchspielen, in immer neue Rollen schlüpfen und sich mit den jeweiligen Requisiten nach Lust und Laune bewegen. Die Reihenfolge ist dabei unerheblich.

Hierfür baut die Übungsleiterin mit Helfern die 24 Türchen mit den Bildsymbolen aus verschiedensten Geräten in der Halle vorher auf und verteilt die nötigen Materialien oder Verkleidungsstücke dahinter.

Die Teilnehmer dürfen sich den folgenden Bewegungsideen entsprechend nach freier Wahl durch die Türchen hindurchspielen. Für einige Spielsituationen reichen teilweise die Requisiten, in anderen Fällen macht es mit einem einfachen Kostüm, wie z. B. einer Weihnachtsmannmütze, noch mehr Spaß.

Einige Aktionen bedürfen unter Umständen einer Erklärung oder Hilfestellung. Die jeweiligen Bewegungsbeschreibungen werden an den Türchen befestigt, von Helfern/Eltern vorgelesen, erklärt oder gezeigt.

Beispiel 2 – wir wollen anderen eine Freude bereiten, ein bisschen basteln und üben, um auf einer Weihnachtsfeier aufzutreten.

Auf den nun folgenden Seiten beschreiben wir eine Choreografieidee, wie sie von mehreren Kindergruppen bereits umgesetzt und zu weihnachtlichen Anlässen mit Erfolg aufgeführt wurde. Jede der Gruppen entschied dabei selbstständig, wie weit Kostüme und Requisiten eingesetzt wurden. Ohne Vorbereitung und ein bisschen Übung geht dies allerdings nicht.

1. Die Vorbereitung der Kalendertürchen

Sie können aus unterschiedlichen Materialien gestaltet sein, z. B.

- Kasteninnenteile und Matten mit großen Zahlen versehen, sodass die Teilnehmer sich beim Hereintragen hinter den „Türchen" verstecken können. An der Stelle der Musik, wo sich die Türen öffnen, wird das Gerät aufgestellt oder am Boden abgelegt. Die Aktion findet dann vor den „Türchen" statt.

- Papprahmen (aus sehr großen Kartons), mit den Kalenderzahlen verziert, hinter denen die Figuren versteckt auf die Vorführfläche gehen.

- Makulaturpapier, mit Zahlen und Bildern verziert, eventuell an Stäben befestigt.

2. Die Vorbereitung der Spielfiguren

Die Teilnehmer übernehmen zu zweit, dritt oder viert, je nach Bildidee, die Rolle der Spielfiguren des Kalenders. Unsere Vorschläge sollen dabei nur als Beispiel dienen und können natürlich jederzeit verändert und der Situation angepasst werden.

Für die Vorführung gibt es drei Phasen, die geübt werden sollten:

1. Die Kalendertürchen werden hereingetragen und entsprechend der Musik (siehe S. 78 ff.) „aufgeklappt", die Figuren treten vor die Tür und stehen still.

2. Alle zeigen eine einfache, kleine Bewegung, langsam und gleichmäßig am Platz, wie die Figuren einer Spieluhr.

3. Die Figuren treten richtig in Aktion – turnen, spielen, tanzen.

Damit die dritte Phase nicht zu kurz wird, wird für die Dauer dieser Spielaktionen in der dritten Strophe eine Musikpause eingelegt und ein weihnachtliches Instrumentalstück eingespielt. Zum Beispiel „Kleine Kinder, große Kinder" von der Instrumental-CD „Sing mit uns – in der Weihnachtsbäckerei", siehe auch S. 79.

Und schon kann es losgehen:

Wir stellen euch die Spielfiguren der einzelnen Türen vor, gleichzeitig an den Textstellen des Liedes, an denen die jeweiligen Türen „geöffnet" werden. Sind die Kinder vorgetreten, beginnen sie sofort ihre erste Bewegungsphase.

Zu einer weihnachtlichen Musik, z. B. „Macht euch bereit" von Rolf Zuckowski (CD – „Wir warten auf Weihnachten") gehen alle „Türchen" auf ihren Platz. Bei der Raumaufteilung ist es angebracht, die geraden Zahlen auf die eine und die ungeraden auf die andere Seite zu stellen, das 24. Türchen kommt in die Mitte.

An den folgenden markierten Textstellen öffnen sich die entsprechenden Türen nacheinander, die Kinder/Figuren kommen heraus und stellen sich zunächst still vor ihre Tür.

LIEDERTEXT	SPIELFIGUREN
1. Kleine Kinder, große Kinder haben einen Traum: 24 Türchen hat der Weg zum Weihnachtsbaum. Jeden Morgen machen sie ein neues Türchen auf, abends, wenn sie schlafen gehen, freu'n sie sich schon darauf.	Die Spielfiguren stehen ganz ruhig hinter den Türchen und warten ab. Tür 1 - Adventskranz 2 TN Tür 2 - Schneeflocken 4 TN Tür 3 - Schneemann und Schneefrau 2 TN Tür 4 - Schlittenfahrer 4 TN Tür 5 - Nikolausstiefel 1 TN Tür 6 - Bischof Nikolaus mit Sack 1 TN
24 Türchen, und was dahinter steckt, haben sie – ganz aus Versehen – irgendwann entdeckt.	Tür 7 - Nussknacker 1 TN Tür 8 - Reiter auf Schaukelpferd 1 TN Tür 9 - Spieluhr 4 TN Tür 10 - Spielzeugeisenbahn 4 TN Tür 11 - Geschenkpakete 3 TN
2. Kleine Kinder, große Kinder, da sind alle gleich, finden, dass die Zeit nun mal nicht schnell genug verstreicht. Schau'n sich den Adventskalender immer wieder an, warten auf die größte Tür, doch die ist noch nicht dran. Dabei fallen ihnen so viele Wünsche ein, hören dann auch noch: „Du darfst nicht ungeduldig sein."	Tür 12 - Lebkuchenmann und -frau 2 TN Tür 13 - Glocke an festem Seil 2 TN Tür 14 - Weihnachtswichtel 3 TN Tür 15 - Kerzen/Lichterkette 4-6 TN Tür 16 - Tannenbaum wird geschmückt 3 TN Tür 17 - Rentiergespann 2 TN Tür 18 - Weihnachtsstern 2 TN Tür 19 - Ochs 1 TN Tür 20 - Esel 1 TN Tür 21 - Schafe und Hirte 4 TN Tür 22 - Heiligen Drei Könige 3 TN Tür 23 - Engel 1 TN Tür 24 - Maria, Josef + Baby(puppe) 2 TN

Zwischenteil instrumental begleitet: **3.** Kleine Kinder, große Kinder spüren irgendwie: Diese Türchen, die verlieren ihr Geheimnis nie.	Alle Akteure zeigen ihre kleine, langsame Spieluhrbewegung. 
Auch wenn sie dann eines Tages große Leute sind, schau'n sie den Kalender an, als wär'n sie noch ein Kind.	Die Spielfiguren sehen sich neugierig um und ...
Achtung – Musikwechsel, Instrumentaleinspielung.	... alle bewegen sich entsprechend der Idee vor, neben und um die Türchen herum. Buntes Treiben vor den Kalendertürchen.
Musikwechsel, Fortsetzung „Kleine Kinder, große Kinder".	Am Ende ... langsam. Achtung! ... 
24 Türchen, und was dahinter steckt, ganz genau hat das im Leben keiner je entdeckt.	Alle gehen zurück zu ihren Türchen, stellen sich auf und sind am Ende bei „entdeckt" wieder hinter den verschlossenen Türchen versteckt. 

Findet die Aufführung beispielsweise an einem 6. Dezember statt, bleiben die Türchen 1-6 schon geöffnet.

CD „Wir warten auf Weihnachten"
CD „Weihnachtszeit im Kindergarten"
Instrumental-CD „Sing mit uns – in der Weihnachtsbäckerei Musik für Dich", Rolf Zuckowski Hamburg
(im Handel erhältlich) oder unter www.musik-fuer-dich.de

TÜR 1 — ADVENTSKRANZ

Spielfiguren: 2 TN.
Kostüm: Keines.
Material: Hochsprungständer, Adventskranz, vier rote Kerzen, zwei Schleifenbänder rot und grün.

1. Bewegung: Beide stehen links und rechts neben dem Kranzständer, fassen die Bänder an und schwingen sie vor und zurück.
2. Bewegung: Die Bänder wie bei einem Bändertanz um den Ständer flechten.

TÜR 2 — SCHNEEFLOCKEN

Spielfiguren: 4 TN.
Kostüm: Weiße Kleidung, zwei als Schneeflocken und zwei als Schneekristalle verziert.
Material: –

1. Bewegung: Alle breiten ihre Arme aus und drehen sich am Platz ganz langsam im Kreis.
2. Bewegung: Alle schweben oder wirbeln herum – Bodenturnen, Baumstammrollen, rollen, radeln usw.

TÜR 3 — SCHNEEMANN UND SCHNEEFRAU

Spielfiguren: 2 TN.
Kostüm: Weiße Kleidung, Hut, Schal.
Material: Zwei Besen.

1. Bewegung: Den Besen anheben oder vom Körper wegstrecken und wieder heranziehen.
2. Bewegung: Beide fegen oder hüpfen und springen, turnen Hockwenden, Rollen, Räder über ihre Besen.

TÜR 4 — SCHLITTENFAHRER

Spielfiguren: 4 TN.
Kostüm: 4 TN, winterlich gekleidet.
Material: Zwei Schlitten auf zwei Rollbrettern.

1. Bewegung: Je 2 TN sitzen hintereinander und beugen sich abwechselnd von einer Seite zur anderen.

2. Bewegung: Alle ziehen oder schieben die Schlitten abwechselnd oder je einer hält den Schlitten ruhig, während der Partner Kunststücke auf dem Schlitten macht, z. B. Kniewaage, Kopfstand, abrollen, Hockwenden o. Ä.

Tür 5 — Nikolausstiefel

Spielfiguren: 1 TN.
Kostüm: Normale Kinderkleidung.
Material: Großer (Nikolaus-) Stiefel, Putztuch.

1. Bewegung: Im Stehen an einer Stelle den Stiefel putzen.
2. Bewegung: Über den Stiefel steigen, klettern, Hockwenden turnen.

Tür 6 — Bischof Nikolaus mit Geschenkesack

Spielfiguren: 1 TN.
Kostüm: Roter Umhang, Bischofshut, Stiefel.
Material: Eventuell Bischofsstab und Sack.

1. Bewegung: Nikolaus bewegt eine Hand würdevoll (wie der Papst) auf und ab und grüßt so alle Zuschauer.
2. Bewegung: Macht mit dem Geschenkesack Kraft- und Fitnessübungen oder geht zu den Zuschauerkindern und verteilt Kleinigkeiten.

Tür 7 — Nussknacker

Spielfiguren: 1 TN.
Kostüm: Blau-rote Uniformjacke/ Kleidung und Nussknackerhut aus Pappe.
Material: Eine große Nuss (Medizinball, brauner Wasserball).

1. Bewegung: Der Nussknacker bückt sich steifbeinig.
2. Bewegung: Er geht steifbeinig herum, bückt sich immer wieder einmal und spielt mit der Nuss (individuelle Ballkünste)

Tür 8 — Reiter auf Schaukelpferd

Spielfiguren: 1 TN.
Kostüm: 1 TN als Reiter verkleidet.
Material: Ein Schaukel- oder Steckenpferd.

1. Bewegung: Der Reiter schaukelt verträumt.
2. Bewegung: Der Reiter steigt auf und ab, spielt oder turnt mit dem Pferd.

TÜR 9 — SPIELUHR

Spielfiguren: 3 TN + Helfer.

Kostüm: Z. B. Teddybär, Clown, Balletttänzerin o. Ä.

Material: Rollbrett mit Auflage (Brett, zwei Kastendeckel oder Matte).

1. Bewegung: Alle drei stehen in einer typischen Pose und das Rollbrett wird vom Helfer gedreht.

2. Bewegung: Alle steigen von der „Spieluhr" ab und zeigen ihre Kunststücke, z. B. Partnerakrobatik.

TÜR 10 — SPIELZEUGEISENBAHN

Spielfiguren: 4 TN.

Kostüm: Dunkelblaue oder schwarze oder zu den Wagen passende Kleidung, Uniformmützen.

Material: Vier gestaltete Kartons – eine Lokomotive mit drei typischen Wagen. Die Kartons sind an den Schultern befestigt und die Kinder haben eine Möglichkeit, den Karton anzufassen.

1. Bewegung: Alle schieben die Kartons leicht vor und zurück.

2. Bewegung: Alle fahren hintereinander, steigen ein und aus und spielen oder turnen mit den Kartons.

TÜR 11 — GESCHENKPAKETE

Spielfiguren: 2 TN.
Kostüm: Einfarbige Kleidung.
Material: Große Kartons, hübsch weihnachtlich verziert.

1. Bewegung: Beide bewegen Kopf, Arme oder Füße.
2. Bewegung: Beide spielen gemeinsam, könnten z. B. Jongliertücher aus dem Karton holen und jonglieren o. Ä.

TÜR 12 — LEBKUCHENMANN UND -FRAU

Spielfiguren: 2 TN.
Kostüm: 2 TN als Lebkuchen braun verkleidet und mit Pappmandeln bzw. buntem „Zuckerguss" verziert.
Material: –

1. Bewegung: Wackeln mit steifen Armen und Beinen von einem Bein aufs andere.
2. Bewegung: Beide lernen immer besser laufen, tanzen und spielen miteinander.

Tür 13 – Glocke an festem Seil

Spielfiguren: 2 TN.

Kostüm: Beide tragen gleiche Kleidung.

Material: An gebogenem Glasfiberstab/Weide wird in der Mitte eine große Papp- oder Schaumstoffglocke befestigt.

1. Bewegung: Beide stehen still und schwenken nur leicht die Glocke.

2. Bewegung: Beide zeigen verschiedene „Seilsprünge" über die Glocke.

Tür 14 – Weihnachtswichtel

Spielfiguren: 3 TN.

Kostüm: 3 TN rot gekleidet mit Stiefeln und Julemützen.

Material: –

1. Bewegung: Anfangs stehen die drei lustig wie eine Statue nebeneinander, dabei könnten sich z. B. jeweils zwei mit einem Körperteil berühren, z. B. eine Hand auf dem Kopf des anderen. Oder zwei sägen pantomimisch, einer hämmert oder hackt Holz.

2. Bewegung: Alle drei zeigen lustige Partnerakrobatik.

Tür 15 — Kerzen/Lichterkette

Spielfiguren: 4-6 TN.

Kostüm: Rot gekleidet.

Material: Weißes Tau, gelbe Kopfbedeckungen in Flammenform.

1. Bewegung: Alle halten sich abwechselnd links bzw. rechts am Tau fest, gehen hintereinander aus der Tür, stellen sich in die leichte Grätsche und verlagern ihr Gewicht immer von einem auf das andere Bein. (Schafft ihr es, jeweils gegengleich zu beginnen?)

2. Bewegung: Alle bilden mit gymnastischen Übungen immer neue Lichterkettenformen (Schlangenlinie, Halbkreis oder Kreis, Zickzacklinien o. Ä.).

Tür 16 — Oh Tannenbaum!

Spielfiguren: 3 TN.

Kostüm: 1 TN als Tannenbaum grün gekleidet, zwei Kinder normal gekleidet.

Material: Tannenbaumschmuck, Kugeln, Sterne, Klebeband.

1. Bewegung: Der Baum dreht sich ganz langsam, die Kinder sehen ihn an und wieder weg.

2. Bewegung: Die Kinder schmücken den Tannenbaum und turnen und tanzen um ihn herum oder mit ihm.

Tür 17 – Rentiergespann

Spielfiguren: 2 TN.
Kostüm: Grau-braune Kleidung.
Material: Rentiergeweih aus Zweigen oder Pappe, Kastendeckel als Schlitten verkleidet, zwei Rollbretter, Seile.

1. Bewegung: Die Rentiere wackeln mit dem Kopf, sehen sich an und wieder weg.
2. Bewegung: Sie machen mit dem Schlitten eine kleine Tour, lustige Aktionen – z. B. ein Rentier setzt sich in den Schlitten u. Ä.

Tür 18 – Weihnachtsstern

Spielfiguren: 2 TN.
Kostüm: 1 TN in gelb als Stern verkleidet, der zweite gelb gekleidet.
Material: Gelbe Bänder (ca. 2 m lang), ein Stab.

1. Bewegung: Das Sternenkind steht still, der Sternenschweif bewegt sich leicht auf und ab.
2. Bewegung: Der Stern „schwebt" mit gymnastischen Übungen durch den Raum, z. B. Hochtiefbewegungen, Drehungen u. Ä.

TÜR 19 — OCHS

Spielfiguren: 1-2 TN.

Kostüm: Mit Decken und Hörnern als Ochs verkleidet.

Material: Eventuell kleine Strohballen.

1. Bewegung: Der Ochse scharrt mit den Hufen oder wackelt mit dem Kopf.

2. Bewegung: Der Ochse besucht den Esel aus dem 20. Türchen und beide spielen mit dem Strohballen Hufball (Fußball).

TÜR 20 — ESEL

Spielfiguren: 1 TN.

Kostüm: Ein Eselkostüm aus Decken und langen Eselsohren.

Material: Eventuell kleine Strohballen.

1. Bewegung: Der Esel scharrt mit den Hufen oder wackelt mit dem Kopf.

2. Bewegung: Der Esel trifft den Ochsen aus dem 19. Türchen und beide spielen mit dem Strohballen Hufball (Fußball).

TÜR 21 – SCHAFE UND HIRTE

Spielfiguren: 4 TN.

Kostüm: 1 TN als Hirte, drei als Schafe verkleidet (z. B. Babyfelle auf dem Rücken).

Material: Ein Hirtenstab.

1. Bewegung: Die Schafe auf allen vieren wackeln mit den Köpfen, der Hirte bewegt seinen Hirtenstab.
2. Bewegung: Der Hirte übt mit den Schafen kleine Dressurkunststücke – z. B. Sprünge über den Hirtenstab.

TÜR 22 – DIE HEILIGEN DREI KÖNIGE

Spielfiguren: 3 TN.

Kostüm: Wie die Heiligen Drei Könige.

Material: Drei verschiedene Geschenke.

1. Bewegung: Heben ihre Geschenke etwas in die Höhe.
2. Bewegung: Alle drei ziehen hintereinander her, suchen den Weihnachtsstern und bewegt sich langsam zum 24. Türchen.

TÜR 23 – ENGEL

Spielfiguren: 1 TN.
Kostüm: Engelgewand und Flügel.
Material: –

1. Bewegung: Der Engel strahlt und bewegt leicht die Flügel.
2. Bewegung: Der Engel schwebt um die Heiligen Drei Könige herum und um das 24. Türchen.

TÜR 24 – MARIA, JOSEF UND DAS CHRISTKIND IN DER KRIPPE

Maria und Josef sitzen an der Krippe und sehen ihr Baby (Puppe) an und schauen den Heiligen Drei Königen entgegen.

KREATIVECKE

In der Geschenkbude und am Kerzenstand werden noch mehr Wünsche erfüllt. Während die einen sich an lustigen Fingerpuppen erfreuen oder die Weihnachtsmann- und Maushandschuhe anprobieren, basteln sich die anderen eine wunderschöne Weihnachtskerze, die am 24. Dezember auf die Fensterbank gestellt wird und dem Weihnachtsmann oder dem Christkind den Weg weist.

Nikolaus und Weihnachtsmaus

– Fingerpuppen –

Pro Teilnehmer benötigt man je eine Nikolaus- und eine Weihnachtsmausfingerpuppe und den kopierten Fingerspieltext von Seite 10 und 11. Beides wird in einem Zellophantütchen verpackt und mit einer Schleife zugebunden. Dieses kleine Weihnachtsgeschenk kann bereits auf einem Elternabend vorbereitet werden.

Material: Bastelfilz in grau, weiß und rot, Wollreste, Schere, Kleber oder Nadel und Faden.

Die Schablonen werden aus Filz ausgeschnitten, zusammengenäht oder geklebt (nähen hält für die Kleinen besser) und mit Gesichtern, Bart bzw. Ohren verziert.

Nikolaus- und Weihnachtsmaus

- Handschuhe -

Für diese Spielvariante benötigt man ein Paar Fingerhandschuhe pro Teilnehmer. Es wird die gleiche Anzahl rote und graue Handschuhe gekauft und jeweils ein rechter und ein linker Handschuh zusammengepackt. Der rote Handschuh bekommt fünf weiße Filzbärte und Gesichter, der graue bekommt fünf Mausgesichter, Mausohren und fünf Schwänzchen. Auch hier gehört der kopierte Text des Fingerspiels dazu, dabei steckt er in einem Handschuh und beides wird mit einer Schleife zusammengebunden.

Material: Handschuhe rot und grau, Filzreste weiß und grau, graue Wolle.

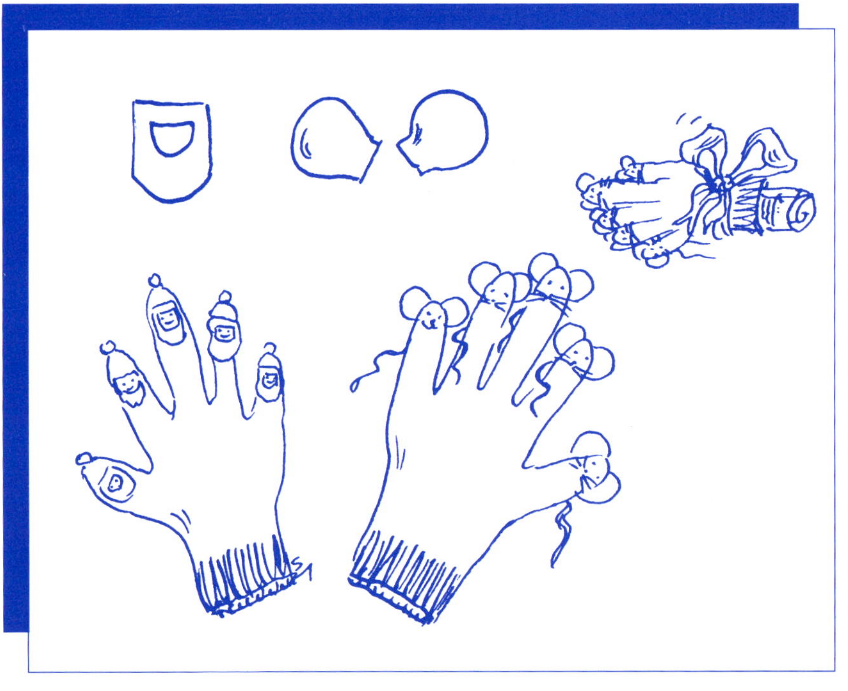

Am Kerzenstand

Der Kerzenstand steht in einer dunkleren Ecke des Weihnachtsmarkts und ist ein ganz besonderes Angebot. Wer es schafft, als leuchtende Kerze (mit der eingeschalteten Taschenlampe in der Hand) die Eingangsbrücke entlangzubalancieren und dabei die Marktecke zu erleuchten, kann in den Überraschungsbereich zum Basteln gelangen.

Aufbau: Zwei Bänke an Barren oder Sprossenwand eingehängt, Kästen für den Abstieg, große Tücher, einige Taschenlampen.

Material: weiße Kerzen, farbige Wachsplatten, Scheren.

Bei dieser Bastelarbeit können schon die Allerkleinsten mitmachen, sie stellen eine mit Wachsplattenresten gesprenkelte Kerze her. Die älteren Kinder können bereits kreative Weihnachtssymbole am Kerzenrand gestalten (Tannenbaum, Weihnachtsmann etc.)

Die Wachsstückchen lassen sich auch mit den Fingern reißen, werden ein wenig weich gedrückt bzw. geknetet und dann an die Kerze gedrückt. Da alles sehr sauber ist, eignet sich dieses Bastelangebot besonders gut für die Turnhalle.

Das Autorenteam wechselt und wir möchten uns verabschieden ...

Liebe Pipo-Leser und Leserinnen,

insbesondere hier auch die ersten und treuesten, die schon von Band 1 an dabei waren.

Der nachfolgende Spruch sollte eigentlich am traditionellen Platz auf der Seite 3 in Band 60 stehen:

Budenzauber, Kerzenschein
alle kommen Groß und Klein,
Weihnachtsduft liegt in der Luft,
nur Pipo dieser kleine Schuft
versteckt sich in der Tannengruft.
Nach 60 Bänden will er ruh'n
aus ist's mit den Heften nun.

Doch die Pipo Übungsleiter
turnen fleißig immer weiter.
Nehmen alte Hefte sich hervor
und singen vielstimmig im Chor:

„Pipo ist der Größte, Pipo ist beliebt,
alle Kinder freu'n sich, dass es Pipo gibt.

(Melodie: „Kinder sind das Größte" von Rolf Zuckowski)

Dann jedoch haben wir uns überlegt, dass diesen Spruch wahrscheinlich nur unsere langjährigen Fans richtig verstehen könnten. Aber ... wir wollten ihn euch auch nicht vorenthalten.

Oft haben wir uns gewünscht bei euch zu Hause einmal Mäuschen zu spielen, euch beim Lesen zu beobachten oder eure allerersten Kommentare zu hören.

Noch lieber hätten wir euch einmal alle zusammen getroffen und euch ein paar Fragen gestellt.

Welche unserer Ideen habt Ihr wohl wirklich ausprobiert? Welche blieben im Bücherregal versteckt? Wer von euch hat wohl so viel positive Rückmeldungen und Lob für die phantasievollen Turnstunden sammeln dürfen wie wir?

Hättet Ihr Lust, euch mit uns zu treffen ? Eine Gelegenheit möchten wir euch anbieten: Am 30. November 2003 richten wir einen Pipo-Treff in Bielefeld ein.
Infos in der

Pipo-Lernwerkstatt Neumünster, Hainbuchenweg 16a,
24536 Neumünster, Tel.: 04321/32122, Fax: 04321/39625
oder per e-mail: pipo-verlag@t-online.de

Ganz herzlich möchten wir uns noch einmal bei euch treuen Pipo-LeserInnen bedanken. Den Nachfolgeautorinnen wünschen wir viel Erfolg und ebensoviel Lesetreue.

Wir bewegen uns weiter!

Pipo, Silke Mehler, Gisela Stein und Heidi Lindner

Im nächsten Heft werden wir Ihnen das neue Team vorstellen.